ik pas op het huis

Maria van Eeden
tekeningen van Jan Jutte

◄ ij 🖿 🕐 💬   Zwijsen

juul

juul past op het huis.
mam en pap zijn er niet.
juul leest wat.
rrr, dat is de bel.
er is een man aan de deur.
een man met een doos.
juul pakt de doos aan.
wat zou dat zijn?
mmm, koek met room.
dat wil ze wel.

juul doet haar neus in de doos.
mmm, wat zoet!
ze neemt een lik van de room.
en dan neemt ze een hap.
wat is die koek zoet!
juul neemt weer een hap.
en dan weer een lik room.
mmm, weer een hap!
maar dan: oo, oo!
er is niet veel koek meer.
wat zal mam boos zijn!
juul zet de doos maar weg.

rrr, dat is de bel weer.
daar is die man van de koek:
hier ben ik weer!
ik kom voor de doos koek.
die koek was niet voor hier.
ik neem hem weer mee, hoor.
de man pakt de doos aan.
en weg is hij.
hij is weg met de doos.
oo, oo, dat is me wat!

koen

koen holt het huis in.
mam, ik ben er! roept hij.
maar koen hoort mam niet.
is mam er wel?
koen loopt het huis door.
nee, mam is er niet.
hij kijkt door het raam.
nee, ze komt er ook niet aan.
mam is vaak laat.
en dan is ze ook heel moe.

9

koen wil wel wat voor mam doen.
weet je, hij maakt soep.
dat kan hij wel.
en dat is leuk voor haar.
koen kijkt wat er in huis is.
er is kool en peen.
nee, dat wil hij niet.
hij ziet ook een reep.
er is een peer en room en kaas.
en hij ziet ook een koek.
mmm, dat wil hij wel!
die soep lukt hem wel.

koen pelt en hakt en roert.
dan zet hij een pan op het vuur.
hij doet de boel er in.
dan doet hij er wat sap bij.
het kookt, mmm!
daar is mam al.
mam! roept koen.
er is soep voor jou.
mam kijkt boos naar de pan soep.
nou moe.
dat is ook niet leuk van haar!

dies

daar komt pap met zijn jas aan.
dies, ik moet weg.
in een uur ben ik er weer.
zul je zoet zijn?
dies wil wel mee met pap.
maar dat kan niet.
wat moet dies dan doen?
pap weet het ook niet.
hij pakt zijn tas.
maak het maar leuk, dies.

15

pap is al weg.
dies is boos op hem.
maar dan weet ze wat.
ze is al niet boos meer.
dies belt jes en tijs op:
mijn pap en mam zijn weg.
ik ben de baas in huis.
ik doe dus wat ik wil.
kom maar hier met je dier.
neem maar mee wie je wilt.
ik maak het leuk hier.
en er is koek en ijs en sap.

daar zijn jes en tijs al.
maar ook kaat en roel met hun dier.
er is een kip en een haan.
en ook een kat en een rat.
wat een lol.
het is leuk om de baas te zijn.
dan is het uur al weer om.
daar komt pap aan.
kom er in, pap! roept dies.
doe maar mee!

Serie 6 • bij kern 6 van Veilig leren lezen